AF313660

CATALOGUE

DE

DEUX COLLECTIONS PROVENANT D'ORIENT

Contenant :

MÉDAILLES GRECQUES

ROMAINES, BYZANTINES

DES CROISADES, CUFIQUES, ARABES, ARMÉNIENNES, MODERNES

ET

De quelques objets antiques, parmi lesquels figure un petit buste en marbre de Paros d'un très-beau travail, représentant, croit-on,

ALCIBIADE

DONT LA VENTE AUX ENCHÈRES PUBLIQUES AURA LIEU

HOTEL DES COMMISSAIRES-PRISEURS

Rue Drouot, n° 5

SALLE N° 6

Le Vendredi 19 Avril 1861, à 1 heure

Par le ministère de Me **DELBERGUE-CORMONT**, Commissaire-Priseur, rue de Provence, 8,

Assisté de MM. **ROLLIN** et **FEUARDENT**, Experts, 12, rue Vivienne.

EXPOSITION PUBLIQUE

Le matin de la vente, de midi à une heure.

PARIS

RENOU ET MAULDE

IMPRIMEURS DE LA COMPAGNIE DES COMMISSAIRES-PRISEURS
144, rue de Rivoli.

1861

CATALOGUE

DE

DEUX COLLECTIONS PROVENANT D'ORIENT

Contenant :

MÉDAILLES GRECQUES

ROMAINES, BYZANTINES

DES CROISADES, CUFIQUES, ARABES, ARMÉNIENNES, MODERNES

ET

De quelques objets antiques, parmi lesquels figure un petit buste en marbre de Paros d'un très-beau travail, représentant, croit-on,

. ALCIBIADE

DONT LA VENTE AUX ENCHÈRES PUBLIQUES AURA LIEU

HOTEL DES COMMISSAIRES-PRISEURS

Rue Drouot, nᵒ 5

SALLE Nᵒ 6

Le Vendredi 19 Avril 1861, à 1 heure

Par le ministère de Mᵉ **DELBERGUE-CORMONT**, Commissaire-Priseur,
rue de Provence, 8,

Assisté de MM. **ROLLIN** et **FEUARDENT**, Experts, 12, rue Vivienne.

EXPOSITION PUBLIQUE

Le matin de la vente, de midi à une heure.

PARIS

RENOU ET MAULDE

IMPRIMEURS DE LA COMPAGNIE DES COMMISSAIRES-PRISEURS
144, rue de Rivoli.

1861

Macédoine.

11. HERACLEA SINTICA ET LETE. Cygne; au-dessus, un lézard. Ŗ. Carré creux divisé en quatre parties. AR. 2. Homme agenouillé, tenant entre ses bras une femme. Ŗ. Carré creux divisé en quatre parties. AR. 4. Deux pièces.

12. NEAPOLIS. Masque de face. Ŗ. ΝΕΟΠ. Tête de femme. AR. 3.

13. THESSALONICA. Tête d'Hercule. Ŗ. ΘΕΣΣΑΛΟΝΙΚΕΩΝ. Massue. Æ. 4.

14. — Gordianus Pius. ΑΥΤ. Κ. Μ. ΑΝΤΩ. ΓΟΡΔΙΑΝΟC. Tête radiée de Gordien à droite. Ŗ. ΘΕCCΑΛΟΝΕΙ-ΚΕΩΝ. Trépied sur lequel sont cinq pommes. Æ. 6.

Rois de Macédoine.

15. ALEXANDER III. Tête d'Hercule. Ŗ. ΑΛΕΞΑΝΔΡΟΥ. Jupiter Ætophore assis; dans un champ, un palmier; sous le siége AP. AR. 8.

16. — Autre; dans le champ NK, et sous le siége, un dauphin.

17. — Autre, frappée à Milet. Dans le champ, devant Jupiter, lion marchant à gauche et regardant un astre, la lettre M. et deux monogrammes. AR. 9.

18. — Autre; dans le champ, un monogramme. AR. 8.

19. — Autre; dans le champ, la lettre A. AR. 8.

20. — Autre. AR. 8.

21. — Autre; dans le champ, un palmier, et sous le siége AP. AR. 8.

22. — Autre, semblable à la précédente. AR. 8.

23. — Autre; dans le champ, une torche, la lettre Λ, et sous le siége, un astre. AR. 7.

24. — Autre. AR. 9 et 1. Deux pièces.

25. PHILIPPUS III. Tête d'Hercule. Ŗ. ΒΑΣΙΛΕΩΣ. ΦΙΛΙΠ-ΠΟΥ. Jupiter Ætophore assis. AR. 7.

Thessalie.

26. Larissa. Tête de femme de face. ΛΑΡΙΣΣΑΙΩΝ. Cheval paissant à gauche. AR. 5.

Illyrie.

27. Apollonia. ΣΩΓΕΛΗΣ. Vache allaitant un veau. R⁄. ΞΕΝΟΝΤΟΥ. Jardins d'Alcinoüs. AR. 4.

Épire.

28. Tête de Jupiter. R⁄. Foudre dans une couronne de chêne. AR. 3.

Corcyre.

29. Grand astre. R⁄. Diota. AR. 3.

Leucade.

30. Tête d'Hercule. R⁄. ΛΕΥΚΑΔΙΩΝ. ΦΙΛΩΤΑΣ. Lyre. AR. 3. Tête d'Apollon. R⁄. ΛΕΥ. Proue de vaisseau. AR. 3. Deux pièces fausses.

Attique

31. Athènes. Tête de Pallas. R⁄. ΑΘΕ. Chouette. AR. 6.
32. — Autre. AR. 6.
33. Ægina. Tortue de mer. R⁄. Aire en creux formée de quatre triangles irréguliers. AR. 4.

Achaïe.

34. Ligue achéenne. Tête de Jupiter. R⁄. ΠΛ au milieu d'une couronne ; dans le champ, trident. AR. 3.
35. Ægium. ΑΙΓΕΩΝ. Tête de Jupiter. R⁄. ΑΡΙΣΤΟΔΑΜΟΣ. X dans une couronne. AR. 3.
36. Corinthus. Tête de Pallas. R⁄. Pégase volant. AR. 5.
37. — Autre. AR. 5.

Seriphus.

38. Chimère. R⁄. Colombe volant ; dans le champ NO. AR. 4. Deux pièces.

Paphlagonie.

39. SINOPE. Tête crénelée à gauche. ℞. ΣΙΝΩ. Neptune assis à gauche, ayant sur sa main droite un oiseau et tenant de la main gauche un trident. AR. 5. Cette médaille n'est pas indiquée dans l'ouvrage de Mionnet. Elle paraît inédite.

Bithynie.

40. HERACLEA. Trajanus. ΤΡΑΙΑΝΟC. ΚΑΙCΑΡ. Tête de Trajan à droite. ℞. ΗΡΑΚΛΕΩΤΩΝ. Hercule debout, à gauche, une patère dans la main droite, et dans la gauche, la dépouille du lion et une massue. Æ. 5.

Mysie.

41. CYSICUS. Tête de femme à droite. ℞. Tête virile imberbe dans un carré indiqué par quatre lignes. EL. 1.

42. GERME. Tête à droite. ℞. ΓΕΡ.ΤΗ. ΝΕΟΚΟΡΟC. Femme assise sur un rocher. Æ. 9.

43. PERGAMUS. ΘΕΟΝ. CY. Tête jeune du Sénat. ℞. ΜΗΝ. Tête tourrelée de femme. Æ. 3.

44. ALEXANDRIA TROAS. Tête laurée d'Apollon à droite. ℞. ΑΛΕΞΑΝ. Cheval paissant à gauche. Æ. 4.

45. — Severus Alexander. Tête d'Alexandre Sévère à droite. ℞. COL. ΑΛΕ. TROA. Rémus et Romulus allaités par la louve. Æ. 6.

Æolie.

46. CYME. ΚΥ. ΕΥΒΙΟC. Partie antérieure d'un cheval au galop. ℞. Vase à une anse. Æ. 3. Autre avec le nom ΣΩ-ΠΥΡΙΟΝ. Æ. 4. Deux pièces.

47. — Julia Mæsa. JULIA. MÆSA. CEB. Tête de Julia Mæsa à droite. ℞. ΕΠ. CIP. T. ΦΩΥΝΙΚΟΥ. B. ΚΥΜΑΙΩΝ. La Fortune, tenant un gouvernail de la main droite et une corne d'abondance de la gauche. Æ. 8.

48. **Myrhina.** Tête d'Apollon. ℞. MYPINAIΩN. Femme à moitié nue, à droite, tenant dans la main droite une branche de laurier ornée de bandelettes, et dans la gauche une patère; à ses pieds, le diota et la cortine; dans le champ, un monogramme. AR. 9.

49. — Autre; dans le champ, trois monogrammes. AR. 9.

Ionie.

50. **Ephesus.** EΦ. Abeille. ℞. APMENIΣΣA. Cerf debout, à côté d'un palmier. AR. 4.

51. **Erythrae.** Tête d'Hercule. ℞. EPY. AΠOΛΛONIOΣ. AΠO-ΛΛΛOTO en quatre lignes. Æ. 3.

52. **Miletus.** Tête d'Apollon. ℞. Lion. Æ. 3.

53. **Smyrna.** CMYPNAIΩN. Tête tourrelée à gauche. ℞. CMYPNAIΩN. Proue de vaisseau. Æ. 4.

54. — Tibère. TIBEPIOC. ΣEBACTOC. Tête laurée de Tibère à droite. ℞. IEPΩNIMOC. ZMYPNAIΩN. Autel allumé, orné de guirlandes. Æ. 4.

55. **Samos.** Trajanus Decius. TPAIANOC. ΔEKIOC. Tête de Trajan Dèce à droite. ℞. CAMIΩN. Figure virile debout, regardant à gauche et tenant de la main droite un rouleau. Æ. 5.

56. — Gordianus Pius. AYT. K. M. ANT. ΓOPΔIANOC. Tête laurée de Gordien Pie à droite. ℞. CAMIΩN. Figure debout, appuyant sa main droite sur un gouvernail et tenant de la gauche une corne d'abondance. Æ. 9.

Carie.

57. **Aphrodisias.** Salonina. ΠO. ΛI. KOP. CAΛΩNINA. C. Tête de Salonine à droite. ℞. AΦPOΔICIEΩN. Figure debout, appuyant sa main droite sur un gouvernail et tenant une corne d'abondance de la gauche. Æ. 6.

58. **Cos insula.** Tête laurée d'Esculape. ℞. KΩIΩN. ΛAPIΛA. Serpent autour d'un bâton. Æ. 5.

59. RHODUS INSULA. Tête de face. ℞. PO. ΓΟΡΓΟΣ. Rose;
dans le champ, une torche. Æ. 4. Tête radiée du soleil
de face. ℞. PO. ΑΓΗΣΙΔΑΜΟΣ. Rose; dans le champ,
Diane Lucifera. AR. 5. Deux pièces.

Pamphylie.

60. SIDE. Tête casquée de Pallas à droite. ℞. Victoire marchant, tenant de la main droite une couronne; dans le
champ, une grenade et les lettres ΔΙ. AR. 9.

Pisidie.

61. SELGE. Deux lutteurs. ℞. ΕΣΤΕΕΔΙΙΥ. Un frondeur debout; dans le champ, triquetra et la lettre Π. AR. 5.

Lycaonie.

62. SAVATRA. Antoninus Pius. ΑΥΤ. ΚΑΙC. ΔΔΡ. ΑΝΤΩΝΕΙ-
ΝΟC. Tête laurée d'Antonin le Pieux. ℞. CΑΟΥΑΤΡΕΩΝ.
Hercule nu debout, tenant dans la main droite des épis
et dans la gauche un roseau; à ses pieds, un crabe. Æ.
8. Cette médaille est très-rare. Elle est cotée 200 fr. dans
l'ouvrage de Mionnet.

Cilicie.

63. ANAZARBUS. Caracalla, ΑΥΤ. Κ. Μ. Α. ΑΝΤΩΝΕΙΝΟC. Tête
de Caracalla. ℞. ΑΝΑΖΑΡΒΟΥ. ΜΗΤΡΟ. Rémus et Romulus allaités par la louve. A l'exergue, ΑΙΔ. Κ. Æ 8.

64. — Otacilla. ΩΤΑΚΕΙΛΙΑ. CΕΟΥΗΡΑ. CΕΒ. Tête d'Otacilla à droite. ℞. ΑΝΑΖΑΡΒΟΥ ΜΗΤ. Jupiter assis à
gauche, tenant un foudre de la main droite et une haste
de la gauche; dans le champ ΓΗC. A l'exergue, casque,
cuirasse, bouclier et haste. Æ. 9.

65. — Valerianus. ΑΥΤ. Κ. ΟΥΑΛΕΡΙΑΝΟC. CΕ. Tête de
Valérien père à droite. ℞. ΑΝΑΖΑΡΒΟΥ. ΕΤ. ΙΟC. ΑΝΚ.
Bacchus assis sur une panthère couchée. Æ. 8.

66. TARSUS. TRANQUILLINA. ϹΑΒΙΝΕΙΑΝ. ΤΡΑΝΚΥΛΕΙΝΑΝ. ϹΕΒ. Tête de Tranquillina à droite. ℞. ΤΑΡϹΟΥ. ΜΗΤΡΟΠΟΛΕΩ. Α. Μ. Κ. Γ. Β. Bacchus debout, tenant dans la main droite une grappe de raisin, et un thyrse dans la gauche ; à ses pieds, une panthère. Æ. 9.

67. INCERTAINE DE CILICIE. Légende phénicienne. Lion dévorant un taureau. ℞. Jupiter assis, tenant de la main droite un aigle. AR. 6.

68. — Autre. AR. 6 Autre; au revers, galère avec des rameurs ; au-dessous, griffon. AR. 1. Deux pièces.

69. — Autre. AR. 7. Fausse.

Phrygie.

70. ÆZANI CLAUDIUS. ΚΛΑΥΔΙΟΣ. ΑΙΖΑΝΙΤΩΝ. Tête de Claude à droite. ℞. ΕΠΙ. ΑΝΤΙΟΧΟΥ. ΜΗΤΡΟΓΕΝΟΥϹ. Jupiter Ætophore debout, la haste dans la main gauche. Æ. 4.

71. LAODICEA. ΛΑΟΔΙΚΕΩΝ. Tête de femme à droite, devant une lyre. ℞. ΠΥΘΙΣ. ΘΟΥ. Autel sur lequel est une fleur. Æ. 3.

Cappadoce.

72. CÆSAREA. Caracalla. ΑΥ. Κ. Μ. ΑΥΡΗΛΙΟϹ. ΑΝΤΩΝΙΝΟϹ. Tête laurée imberbe de Caracalla. ℞. ΜΗΤΡΟΠ. ΚΑΙϹΑΡΙΑ. Le mont Argée sur un autel. Æ. 7.

73. — Caracalla. ΑΥΡΗΛΙΟϹ. ΑΝΤΩΝΙΝΟϹ. Buste de Caracalla à droite, portant une tête radiée en contre-marque. ℞. ΜΗΤΡΟΠ. ΚΑΙϹΑΡΙΑ. ΝΕΩΚΟΡ. Le mont Argée ayant trois figures à son sommet. Potin 8.

74. — Septimus Severus. ΑΥ. ϹΕΠ. ϹΕΟΥΗΡΟϹ. Tête laurée de Septime Sévère à droite. ℞. ΜΗΤΡΟΠ. ΚΑΙϹΑΡ. A l'exergue ΕΤΒ. Le mont Argée. Potin 4.

Rois de Cappadoce.

75. ARIARATHÈS V. Tête du roi. ℞. ΒΑΣΙΛΕΩΣ. ΑΡΙΑΡΑΘΟΥ, etc., etc. Pallas Nicéphore debout. AR. 2. Trois pièces.

76. ARIOBARZANES Ier. Tête du roi. Ŗ. ΒΑΣΙΛΕΩΣ. ΑΡΙΟΒΑΡ-
ΖΑΝΟΥ, etc., etc. AR. Deux pièces.

Rois de Syrie.

77. SELEUCUS Ier. Tête d'Hercule. Ŗ. ΒΑΣΙΛΕΩΣ. ΣΕΛΕΥΚΟΥ.
Jupiter assis; dans le champ, les lettres N. K. AI. AR. 8.

78. ANTIOCHUS IV. Tête diadémée et radiée du roi à droite.
Ŗ. Chameau marchant à gauche. Æ. 4. Cette médaille
n'est pas mentionnée dans l'ouvrage de Mionnet et pa-
rait inédite.

79. DEMETRIUS Ier. Tête du roi. Ŗ. ΒΑΣΙΛΕΩΣ. ΔΗΜΗΤΡΙΟΥ
ΣΩΤΗΡΟΣ. Corne d'abondance. AR. 4.

80. ALEXANDER BALA. Tête du roi. Ŗ. Apollon assis sur la
cortine. AR. 4.

81. DEMETRIUS II. Tête du roi. Ŗ. Palmier. Æ. 2.

82. ANTIOCHUS VII. Tête du roi. Ŗ. ΑΝΤΙΟΧΟΥ. ΕΥΕΡΓΕΤΟΥ.
Victoire marchant tenant une couronne. AR. 4.

83. — ΒΑΣΙΛΕΩΣ. ΑΝΤΙΟΧΟΥ. ΕΥΕΡΤΟΥ. Ancre. Ŗ. Fleur.
Æ. 3.

84. — Tête d'Antiochus VII. Ŗ. ΒΑΣΙΛΕΩΣ. ΑΝΤΙΟΧΟΥ.
Aigle avec une palme sur une proue de vaisseau à gauche.
Dans le champ Λ. PE. ΑΣΥ. ΓΗP.; le monogramme de
Tyr sur une massue, et un autre monogramme. AR. 8

85. ANTIOCHUS VIII et CLÉOPATRE. Têtes accolées du roi et de
la reine. Ŗ. Aigle. AR. 7.

Commagène.

86. SAMOSATA. PHILIPPUS SENIOR. ΑΥΤΟΚ. Κ. Μ. ΙΟΥΛΙ.
ΦΙΛΙΠΠΟC. CEB. Tête de Philippe à droite. Ŗ. ΦΛ.
CAMOCATEΩN. ΜΗΤΡΟΠ. ΚΟΜ. Femme assise sur un
rocher à gauche, ayant sur le bras droit un aigle et à ses
pieds Pégase. Æ. 10

87. ZEUGMA. Tête de Lucius Verus à droite. Ŗ. ΖΕΥΓΜΑΤΕΩΝ.
Λ. en deux lignes dans une couronne de chêne. Æ. 6.

Roi de Commagène.

88. Antiochus IV. BΛΣIΛEΩΣ. Tête diadémée du roi à droite.
℞. ΛAKANATΩN. Scorpion dans une couronne de laurier. Médaille frappée à la canata de Cilicie. Æ. 7.

Palmyrène.

89. Palmyra. ZENOBIA. CEBACTH. Buste de Zénobie à droite.
℞. ΛΔ. ΠΛΛ. Palmier. Æ. 5. Médaille suspecte.

Séleucide et Piérie.

90. Antioche. Claudius. Tête de Claude. ℞. EΠI KOYAΔPA-
TOY ΛNTIOXEΩN dans une couronne de laurier. Æ. 6.

91. Antioche. Agrippina et Nero. AΓPIΠΠEINHΣ. ΣEBAΣTHΣ.
Tête d'Agrippine. ℞. NEP. KΛAYΔIOΣ. ΣEBAΣ. P. AY.
Tête de Néron. AR. 7.

92. — Nero. ŃEPΩNOΣ. KAIΣAPOΣ. Tête de Néron. ℞.
ETOYΣ. AIP. O. Aigle éployé sur un foudre, devant une
palme. AR. 7.

93. — Autre; au revers, dans le champ, ETOYΣ.

93 bis. — Mêmes. AR. 7.

94 — Titus. AYTOKPATΩP. Tête de Titus. ℞. ETOYΣ.
NEOY. IEPOY. Aigle éployé, devant une palme. AR. 7.

95. — Titus. t. caesar. Tête de Titus. ℞. s. c. dans une couronne de laurier. Æ. 8.

96. — Domitianus. AYTO. KAIΣAP. ΔOMITIANOΣ. ΣEB.
TEP. Tête de Domitien à droite. ℞. ETOYΣ. NEOY.
IEPOY. TPIΣ. KAI. ΔEKATOY. Aigle éployé tenant un
oiseau dans ses serres, devant une palme. AR. 8.

97 — Trajanus. AYT. KAIC. NEP. TPAIANOC. CEB. ΓEPM.
Tête de Trajan. ℞. ΔHMAPXEΞ. YΠAT. B. Aigle éployé.
AR. 7.

98. — Trajanus. ΑΥΤ. ΚΑΙC. ΝΕΡ. ΤΡΑΙΑΝ. CEB. ΓΕΡΜ ΔΑΚ. Tête de Trajan à droite. ΔΗΜΑΡΧ. ΕΞ. ΙΖ. ΥΠΑΤΟ. l'Arabie debout, vêtue de la stola, tenant une branche d'olivier de la main droite et un faisceau de la gauche; à ses pieds, un chameau. AR. 5. Cette médaille est classée parmi les incertaines par Mionnet. Elle a été, sans doute, frappée à Antioche ou dans la Cappadoce.

99. — Caracalla. ΑΥΤ. Κ. Μ. Α. ΑΝΤΩΝΕΙΝΟC. CEB. Tête de Caracalla à droite, avec la couronne radiée. ℞. ΔΗΜΑΡΧ. ΕΞ. ΥΠΑΤΟC. ΤΟ. Δ. Aigle éployé, regardant à droite et tenant dans son bec une couronne; entre ses cuisses, un lion et une étoile. Potin 7.

100. — Caracalla. IMP. CÆSAR. M. AVR. ANTONINVS. AVG. Tête de Caracalla à droite. ℞. COL. CÆS. ANTIOCH. Rémus et Romulus allaités par la louve. Æ. 10.

101. — Macrinus. CE. MAKPINOC. C. C. Tête de Macrin. ℞. ΔΗΜΑΡΧ. ΕΞ. ΥΠΑΤΟC. Aigle éployé, tenant dans son bec une couronne, entre ses cuisses un polype. Potin 6.

102. — Philippus Senior. ΑΥΤΟΚ. Κ. Μ. ΙΟΥΑΙ. ΦΙΛΙΠΠΟC. CEB. Tête laurée de Philippe père à droite. ℞. ΑΝΤΙΟ-ΧΕΩΝ. ΜΗΤΡΟ. ΚΟΛΩΝ. Tête tourrelée de femme à droite; au-dessus, un bélier allant à droite et regardant derrière lui; dans le champ Δ. Ε. S. C. Æ. 8.

103. — Trajanus Decius. ΑΥΤ. Κ. Γ. ΜΕ. ΚΥ. ΤΡΑΙΑΝΟC. ΔΕΚΙΟC. CEB. Tête laurée de Trajan Dèce à droite. ℞. ΔΗΜΑΡΧ. ΕΞΟΥCΙΑC. Aigle éployé; au dessous S. C. Potin 7.

104. — Trebonianus Gallus. ΑΥΤΟΚ. Κ. Γ. ΟΥΙΒ. ΤΡΕΒ. ΓΑΛΛΟC. CEB. Tête de Trébonien Galle. ℞. ΔΗΜΑΡΧ. ΕΞΟΥCΙΑC. S. C. Aigle éployé. Potin 6.

105. Emisa. Antoninus Pius. Tête laurée d'Antonin le Pieux à droite. ℞. EMICHNΩN. Aigle sur une pierre de forme conique, ayant dans son bec une couronne; dans le champ E. Æ. 6.

106. LAODICAEA. CARACALLA. C. M. AV. ANTONINUS. Tête de Caracalla à droite. ℞. ROM.E. FEL. Rémus et Romulus allaités par la louve. Æ. 9.

107. SELEUCIA. Tête de Jupiter. ℞. ΣΕΛΕΥΚΕΩΝΤΩΝ. ΕΜΗΗΕ ΡΑΙ. ΤΗΣ. ΙΕΡΑΣ. Foudre. Æ. 5.

108. DAMASCUS. JULIA DOMNA. ΙΟΥΛΙΑ ΑΥΤΟΥϹΤΑ. Tête de Julia Domna à droite. ℞. ΔΑΜΑϹΚΟΥ ΜΗΤΡΟΠΟΛΕΩΣ. Tête de femme tourrelée et tournée à gauche, dans un temple tétrastyle. Æ. 6.

109. HELIOPOLIS. PHILIPPUS SENIOR. Tête de Philippe le père. ℞. COL. IVL. AVG. HEL. Astarté debout; à ses pieds, deux petites figures, tenant le vexillum. De chaque côté, une figure debout, sur un cippe, tenant un voile au-dessus de la tête d'Astarté. Æ. 8.

Phénicie.

110. BERYTVS. CARACALLA. Tête de Commode. ℞. SEC. S.EC. COL. BER. Neptune debout, le pied sur un rocher, tenant de la main droite un dauphin et de la gauche un trident. Æ. 5.

111. — Autre. Æ. 5.

112. — CARACALLA. IMP. M. AYR. ANTON. AVC. Tête laurée de Caracalla à droite. ℞. COL. BER. Neptune dans un char traîné par quatre chevaux marins, tenant de la main droite un dauphin et de la gauche un trident. Æ. 5.

113. — GORDIANUS PIUS. IMP. C.ES. ANT. GORDIANVS AVG. COS. II.P. P. Tête de Gordien. ℞. COL. IVL. AVG. FEL. BER. Buste d'Astarté de face, entre deux aigles légionnaires, dans un temple tétrastyle, dont le fronton est orné de figures; au bas du temple, un lion. Æ. 7.

114. BYBLUS. CARACALLA. M. AYPHAIOC. ANTΩNINOC. KAICAP. Tête de Caracalla. ℞. IEPAC. BYBΛOY. Astarté debout, couronnée par la Victoire placée sur une colonne, dans un temple, dont le fronton est orné de festons et arrondi. Æ. 6.

115. Marathus. Tête tourrelée de femme à droite. ℞. Légende phénicienne, figure nue debout, à gauche, tenant dans sa main gauche une corne d'abondance. Æ. **2.**

116. Sidon. Elagabalus. imp. c. m. avr. antoninvs. avg. Tête laurée d'Elagabale à droite. ℞. col. metr. avr. pia. sid. Simulacre d'Astarté dans un char couvert et orné de branches de laurier. Æ. **8.**

117. — Elagabalvs. imp. cæsar. m. av. antoninvs. Tête laurée d'Elagabale. ℞. col. met. a. p. sidon. Trois enseignes militaires. Æ. **8.**

118. — Elagabalvs. imp. c. m. av. antoninvs. avg. Tête d'Elagabale. ℞. avr. pia. sid. col. metrop. altb. p. e. Modius à deux anses rempli de fruits. Æ. **7.**

119. — Même légende et même tête. ℞. col. avr. pia. metro. sid. Femme debout, vêtue de la stola, tenant de la main droite un quadrupède suspendu et portant sur le bras gauche un enfant; dans le champ, le char couvert d'Astarté. Æ. **7.**

120. — Julia Paula. ivlia pavla. avg. Tête de Julia Paula à droite. ℞. av. pi. sid. c. met. Simulacre d'Astarté dans un char couvert et orné de branches de laurier. Æ. **4.** Cette médaille n'est pas indiquée dans l'ouvrage de Mionnet.

121. — Julia Maesa. ivl. maesa. avg. Tête de Maesa à droite. ℞. col. av. p. m. met. sidon. Figure virile marchant à gauche sur une proue, la main droite levée et le parazonium dans la gauche. Æ. **6.**

122. — Severus Alexander. m. avr. alexandr. o. si. Tête de Sévère Alexandre. ℞. col. av. pi. metro. sid. Tête de Jupiter. Æ. **5.**

123. Tripolis. Elagabalus. avt. κ. m. avp. ΑΝΤΩΝΙΝΟC. Tête laurée d'Elagabale à droite. ℞. ΤΡΙΠΟΛΙΤΩΝ. Astarté debout, couronnée par une Victoire placée sur une colonne, au milieu d'un temple à trois portiques; dessous les lettres ΑΑΦ. Æ. **8.**

124. Tyrus. Tête d'Hercule. ℞. ΤΥΡΟΥ. ΙΕΡΑΣ. ΚΑΙ. ΑΣΙΛΟΥ. Aigle avec une palme sur l'aile droite; dans le champ, une massue, les lettres ΟΓ. et un symbole. AR. 8.

125. — Autre; dans le champ du revers, une massue et les lettres ΑΟ. Ν. AR. 8.

126. — Autre; dans le champ, une massue, une tête de profil devant l'aigle, et les lettres Π. ΔΙ. Ο. AR. 8.

127. — Autre; dans le champ, les lettres ΩΞ. Ν. AR. 8.

128. — Autre; dans le champ, les lettres ΑΛ et un monogramme. AR. 8.

129. — Autre; dans le champ ΟΝ. AR. 8.

130. — Autre; dans le champ Ρ. Μ. Κ. Ρ. Ν. AR. 6.

131. — Autre; dans le champ Ρ. Μ. Κ. Ρ. et un monogramme. AR. 6.

132. — Autre; dans le champ Κ. AR. 6.

133. — Autre. AR. 5.

134. — Autre. AR. 4.

135. — Severus Alexander. M. AV. ΑΛΕΧΑΝΔΕR. CAIS. Tête de Sévère Alexandre. ℞. SEP. TYPO. COL. Astarté debout, la main droite sur un trophée et tenant dans la gauche la haste transversale; à sa gauche, une Victoire sur un cippe lui présente une couronne; à ses pieds, Silène. Æ. 7

136. Aradus. Tête de femme tourrelée. ℞. ΑΡΑΔΙΩΝ. Victoire au milieu d'une couronne de laurier; dans le champ, les lettres ΔΞΡ. ΘϹ. et un monogramme. AR. 8.

137. — Autre. AR. 7.

138. — Autre; dans le champ Μ. Ρ. Μ. Ϲ.

139. — Autre; dans le champ Β. Μ. Ρ. Δ. Ν. AR. 7.

140. — Abeille. ℞. ΑΡΑΔΙΩΝ. Cerf devant un palmier. AR. 4.

— 16 —

141. — ELAGABALUS. AVT. K. M. AVR. ΑΝΤΩΝΙΝΟC. Tête d'Elagabale. ℞. ΑΡΑΔΙΩΝ. Cyprès entre un lion et un taureau en regard; à côté d'eux, une enseigne. Æ. **9.**

142. INCERTAINE DE PHÉNICIE. Légende phénicienne. Tête casquée à droite. ℞. Tête diadémée à droite AR. **1.** Cette médaille est très-rare.

143. — Tête barbue à droite. ℞. Moitié de cheval; dans le champ ΟΥ. AR. **3.**

144. — Tête barbue et casquée à gauche. ℞. Jupiter assis. AR. **1.** Deux pièces.

— Tête tourrelée de femme à droite. ℞. Jupiter assis sur une proue, tenant de la main droite une couronne et de la gauche la haste. A l'extrémité de la proue, Pallas combattant; dessous, inscription phénicienne. Æ. **5.**

Samarie.

145. CAESAREA. NÉRO. ΝΕΡΩΝ. ΣΕΒΑΣΤΟΣ. Tête laurée de Néron. ΚΑΙΣΑΡΙΑ. Η. ΠΡΟΣ. ΣΕΒΑΣΤΩ. ΛΙΜΕΝΙ. Astarté tourrelée debout, une tête humaine sur la main droite et la haste dans la gauche; dans le champ L. ΙΔ. Æ. **6.**

146. — TRAJANUS. IMP. CES. NER. TRAIANO. Tête laurée de Trajan. ℞. C. T. F. AV. CES. Temple tétrastyle dans lequel est Astarté tourrelée le pied droit un proue, et le pied gauche posé sur la clôture du temple. Elle tient de le main droite une tête humaine et de la gauche une haste, près de laquelle est un Fleuve se baignant; devant la clôture du temple, un autel. Æ. **9.**

147. NEAPOLIS. FAUSTINA SENIOR. ΦΑ. ΝΕΑΠΟΛΕΩC. CYPIAC. ΠΑ. Femme tourrelée tenant de la main droite des épis et de la gauche une corne d'abondance. Æ. **7.**

148. SEBASTE. DOMITIANUS. IMP. DOMITIAN. CAESAR. Tête laurée de Domitien avec la contre-marque au cou ΙΧΙ. ℞. CEΒΑCΤΗΝΩΝ. Astarté debout, la tête tourrelée, le pied droit sur un rocher, un globe sur la main droite et la haste dans la gauche. Æ. **7.**

Judée.

149. ÆLIA CAPITOLINA. M. AURELIUS et L. VERUS. IMP. CÆS. ANTONINO. ET VERO. AVG. Têtes nues affrontées de Marc Aurèle et de Lucius Vérus. ℞. COL. AEL. CAP. Victoire marchant à gauche, tenant une couronne dans la main droite et une palme dans la gauche. Æ. 7.

150. ASCALON. TRAJANUS. Tête laurée de Trajan. ℞. ACKAAΩN. Astarté debout, la main droite sur une haste et tenant de la gauche l'acrostolium; dans le champ, d'un côté le candelabre et de l'autre la colombe et les lettres AC. Æ. 6.

151. GAZA. LUCIUS VERUS. OYHPOC. KAICAP. Tête laurée de Lucius Verus à droite. ℞. ΓAZA. ΔK. C. Femme debout, vêtue de la stola, le modius sur la tête, la main droite sur la haste et tenant une corne d'abondance de la gauche; à ses pieds, une génisse. Æ. 5.

Princes et rois de Judée.

152. SIMÉON. An II en caractères samaritains. Vase à deux anses. ℞. Libération de Sion en caractères samaritains. Feuille de vigne. Æ. 5. Cinq pièces.

153. — Rédemption de Sion en caractères samaritains, calice. ℞. L'an IV en caractères samaritains, gerbe de blé entre deux citrons. Æ. 4.

154. JONATHAN ET JOHANNÈS. Légende samaritaine dans une couronne de laurier. ℞. Pavot entre deux cornes d'abondance. Æ. 3. Six pièces.

155. ALEXANDER. BAΣIAEΩΣ. AAEΞANΔ. Ancre. ℞. Une roue. Æ. Trois pièces.

156. HERODES MAGNUS. BAΣIA. HPΩΔ. Une ancre. ℞. Deux cornes d'abondance et un caducée en sautoir. Æ. 3.

157. AUGUSTUS. KACAPOC. Épi. ℞. Dattier d'où pendent des fruits; dans le champ L. A. Æ. 3. Cinq pièces.

158. TIBERIUS. TIB. KAI. CAP. en trois lignes, dans une couronne. ℞. IVLIA. Palme ; dans le champ L. C. Æ. 3.

159. — TIBEPIOY. KAICAPOC. Lituus. LIZ dans une couronne. Æ. 3. Deux pièces.

160. AGRIPPA Ier. BAΣIΛEΩΣ. AΓPIHHA. Parasol orné de franges. ℞. Trois épis; dans le champ, monogramme. Æ. 3. Quatre pièces.

161. CLAUDIUS ET AGRIPPINA. KAICAP. ГEPM. L. IΔ. Deux épis croisés. ℞. IOYΛIA. AГPIHHINA. en quatre lignes, dans une couronne. Æ. Deux pièces.

162. NERO. KAIΣAPOC. Palme. ℞. NEPΩNOC. en deux lignes, dans une couronne. Æ. 3. Deux pièces.

163. BRITANNICUS ET NERO. NEPΩ. KΛΛY. KAICAP. Deux boucliers et deux javelots croisés. ℞. BPIT. KAI. L. IΔ. Palmier. Æ. 3. Deux pièces.

164. SIMON BARCOCÉBAS. Légende samaritaine. Pampre. ℞. Légende samaritaine, dattier. Æ. 6.

Arabie.

165. BOSTRA. ANTONINUS PIUS. AYTOKP. KAIC. ANTΩNINOC. Tête d'Antonin le Pieux. ℞. TIKH. NEAC. TPAIANHC. BOCTPAC. Astarté voilée et tourrelée debout, vue de face, tenant un trophée de la main droite et une corne d'abondance de la gauche. Æ. 9.

166 — JULIA DOMNA. IYΛIA. ΔOMNA. Tête de Julia à droite. ℞. BOCTPA. ET. P. Δ. Temple tétrastyle; au milieu, Astarté debout, la tête tourrelée, le pied gauche sur une proue, un trophée dans la main droite et une corne d'abondance dans la gauche. Æ. 7.

167 — PHILIPPOS. CESAR. Tête de Philippe père. ℞. COL. METPOHOΛIΣ. BOSTRA. Couronne, au milieu de laquelle était une légende qui est effacée. Æ. 8.

Mésopotamie.

168. Rois d'Edesse. Abgarus et Gordianus Pius. AVTO. K. M. ANT. ΓΟΡΔΙΑΝΟC. CEB. Tête de Gordien. Ɍ. ΑΥΤΟΚ. ΓΟΡΔΙΑΝΟC. ΑΒΓΑΡΟC. BACIΛΕΥΣ. Abgare debout, la tête couverte de la tiare conique, offrant de la main droite une petite Victoire à l'empereur assis sur une estrade, avec un sceptre surmonté d'un aigle. Æ. **9.**

169. — ΑΥΤΟΚ. Κ. Μ. ΑΝΤ. ΓΟΡΔΙΑΝΟC. Buste de Gordien. Ɍ. Tête à droite d'Abgare, couronnée de la tiare conique. Æ. **5.**

190. Singara. Gordianus Pius et Ttranquillina. ΑΥΤΟΚ. Κ. Μ. ΑΝ. ΓΟΡΑΙΑΝΟΝ. CAB. ΤΡΑΝΚΥΛΛΙΝΑ. CEB. Têtes affrontées de Gordien le Pieux et de Tranquilline. ΑΥΡ. CEΠ. ΚΟΔ. CINΓΑΡΑ. Femme tourrelée assise sur un rocher, tenant de la main droite des épis ; à ses pieds, un Fleuve nageant. Æ. **9.**

Rois de Perse.

171. — Tête barbue à droite. Ɍ. Galère avec des rameurs, au-dessous des flots ; au-dessus de la galère, deux monogrammes phéniciens en gros caractères. AR. **5.**

172. — Autre. AR. **5.**

173. — Autre. AR. **1.** Trois pièces.

174. — Chouette. Ɍ. Cavalier. AR. **3.**

Rois parthes.

175. Arsacès VIII. Artabanus II. Tête du roi coiffée de la tiare. Ɍ. ΒΑΣΙΛΕΩΣ. ΜΕΓΑΛΟΥ. ΑΡΣΑΚΟΥ. etc., etc. Le roi assis tenant un arc. AR. **4.**

176. Arsacès XV. Phraatès IV. Tête du roi à gauche, ayant un bouton sur le front ; derrière la tête, un aigle, tenant une couronne dans son bec. Ɍ. ΒΑΣΙΛΕΩΣ. ΒΑΣΙΛΕΩΝ. ΑΡΣΑΚΟΥ. ΕΥΕΡΓΕΤΟΥ, etc., etc. Le roi assis tenant un arc. AR. **4.** Quatre pièces.

177. — Mêmes types et même légende; devant la tête du roi, un croissant, au milieu duquel est une étoile. AR. 4.

178. — Autre; tête du roi à gauche. ℞. Même légende. Le roi assis à gauche; devant lui, une femme debout, à droite, lui présentant de la main droite une couronne et tenant de la gauche une corne d'abondance. AR. 8.

179. ARSACÈS XXIV. ARTABANUS IV. Tête du roi à gauche. ℞. ΒΑΣΙΛΕΩΣ. etc., etc. Le roi assis tenant un arc. AR. 4. Trois pièces.

180. — Autre; mêmes types et même légende. AR. 3. Trois pièces.

181. ARSACÈS XXVIII. VOLOGÈSES III. Tête du roi coiffée de la tiare, à gauche; derrière, la lettre B. ℞. ΒΑΣΙ-ΛΕΩΣ. etc., etc. Le roi assis, tourné à gauche; une femme debout, devant lui, lui présente une couronne. AR. 8.

182. ARSACÈS XXX. VOLOGÈSES V. Tête du roi à gauche, coif-fée d'une tiare ornée de perles. ℞. ΒΑΣΙΛΕΩΣ. etc., etc. Le roi assis tenant un arc. AR. 4. Deux pièces.

Rois sassanides.

183. SAPOR II. Caractères sassanides. Tête du roi à droite, avec la couronne crénelée des mages surmontée d'un globe. ℞. Autel du feu entre deux mages debout, dont le visage est tourné vers l'autel, et tenant chacun une épée. AR. 8.

184. — Autre. AR. 8.

185. — Autre. AR. 5.

186. INCERTAINE. Caractères sassanides. Tête du roi à droite. ℞. Caractères sassanides. Autel du feu entre deux mages debout et vue de face. AR. 9.

Rois de la Characène.

187. TIRAEVS. Tête du roi à droite. ℞. ΒΑΣΙΛΕΩΣ. ΤΙΡΑΙΟΥ. Figure debout, la main droite levée et marchant à gauche. Æ. 3.

188. ATTAMBILUS Ier. Tête barbue et diadémée du roi à droite. ℞. ATTAMB. Hercule nu, assis sur un rocher, tourné à gauche, la main droite sur sa massue, la gauche posée sur le rocher. Potin 7.

189. — Autre. Potin 7.

Rois d'Égypte.

190. PTOLÉMÉE Ier. Tête diadémée du roi. ΠΤΟΛΕΜΑΙΟΥ. ΒΑΣΙΛΕΩΣ. Aigle sur un foudre. AR. 7.

191. — Autre. AR. 7.

192. — Autre. AR. 7.

193. — Autre. AR. 7.

194. — Autre. AR. 7.

195. — Autre. AR. 5.

196. — Autre. Dans le champ, au revers, les lettres L.T. KI. AR. 7. Très-belle conservation.

197. — Autre. AR. 5. Très-belle conservation.

198. — Autre. AR. 7. Cinq pièces fausses.

199. PTOLÉMÉE Ier et BÉRÉNICE. Têtes accolées du roi et de la reine. ℞. ΒΑΣΙΑΕΩΣ. ΠΤΟΛΕΜΑΙΟΥ. Aigle sur un foudre. Plomb. 6.

200. PTOLÉMÉE V. Tête du roi. ℞. ΠΤΟΛΕΜΑΙΟΥ. ΕΠΙΦΑΝΟΥ. Foudre ailé. Plomb. 6.

201. PTOLÉMÉE VIII et PTOLÉMÉE IX. Tête de Jupiter Ammon à droite. ℞. ΠΤΟΛΕΜΑΙΟΥ. ΒΑΣΙΛΕΩΣ. Deux aigles debout sur un foudre ; entre les pattes de l'un d'eux, la lettre A. Æ. 13.

202. — Autre ; entre les pattes d'un des aigles, la lettre P. Æ. 13.

203. Incertaine. Tête de Jupiter Ammon à droite. ℞. ΠΤΟΛΕΜΑΙΟΥ. ΒΑΣΙΛΕΩΣ. Aigle à gauche ayant sur son aile gauche une corne d'abondance; devant lui, massue. Æ. 4.

204. Ptolémée. Divers. Æ. 9, 8, 6, 7. Six pièces.

Médailles impériales d'Alexandrie.

205. Claudius, Alexander Severus, Trebonianus gallus, gallienus. Æ. 5. Cinq pièces.

Médailles grecques en cuivre non classées.

206. — Dix diverses.

207. — Douze diverses.

Médailles romaines et du Bas-Empire.

208. Familles Maria et Titia. Tête du roi Ancus Marcius. ℞. philippvs. Statue équestre. AR. 3. Tête de Bacchante. ℞. q. titi. Pégase. AR. 3.

209. — Dix médailles diverses en argent d'empereurs du module ordinaire.

210. — Dix autres. A.

211. — Six médailles diverses d'impératrices du module ordinaire.

212. Colonie de Nimes : Augustus et Agrippa. imp. divi. f. Têtes accolées d'Auguste et d'Agrippa. ℞. col. nem. Crocodile enchaîné à un palmier. Æ. 7. Deux pièces.

213. Germanicus. germanicvs. caesar. avg. Tête de Germanicus à gauche. ℞. trb. iiii. p.p. c. caesar. divi. avg. s c. Moyen bronze.

214. Nero. imp. nepo. caesar. avg p. max. t. p. iii. Tête de Néron. ℞. genio. avgvsti. s. c. Figure debout tenant une corne d'abondance de la main gauche; à ses pieds, un autel. Moyen bronze.

215. Trajanus. imp. caesar. traianvs. hadrianvs. avg. Tête de Trajan. ℞. pont. ma. tr. pot. cos. ii. Rome assise, l'empereur debout lui donnant la main. A l'exergue, adventvs. s. c. Grand bronze.

216. Tête de Trajan. R. Figure debout tenant une corne d'abondance. Grand bronze.

217. HADRIANUS. HADRIANVS. AVGVSTVS. Tête de l'empereur. R⁄. MONETA. AVG. Les trois Monnaies debout. Médaille fausse. Grand bronze.

218. AELIUS. AELIVS. CAES. AVG. Tête de l'empereur. R⁄. POT. XIII. COS. Figure militaire debout ayant le pied gauche appuyé sur un rocher. Dans le champ, S. C. Grand bronze.

219. ANTONINUS PIUS. ANTONINVS. AVG. PIVS. P. P. TRP. XXIII. Tête de l'empereur. R⁄. PIETATI. AVG. COS. IIII. S. C. Femme debout, ayant à ses pieds deux petites figures debout. Grand bronze.

220. CARACALLA. M. AVREL. ANTONINVS. PIVS. AVG BRIT. R⁄. P. M. TRP. XVII. IMP. II. COS. IIII. P. P. S. C. Cirque. Grand bronze.

221. PHILIPPVS. JUNIOR. IMP. PHILIPPVS. AVG. Tête de l'empereur. R⁄. LIBERALITAS, AVG. S. C. Philippe père et son fils assis. Grand bronze.

222. TRAJANUS DECIUS. IMP. TRAIANVS. DECIVS. AVG. Tête de l'empereur. R⁄. Femme debout ayant une corne d'abondance dans la main gauche. Grand bronze.

223. DELMATIVS. DELMATIVS. NOB. Tête de l'empereur. R⁄. GLORIA. EXERCITVS. Deux figures militaires debout ; au milieu d'elles, une enseigne militaire. Petit bronze.

224. VETRANIO. D. N. VETTANIO. Tête de l'empereur. R⁄. VIRTVS. EXERCITVM. L'empereur debout tenant de la main droite le labarum orné du monogramme du Christ, la gauche sur un bouclier. A l'exergue, TSA. Petit bronze.

225. CONSTANTIUS II. D. N. CONSTANTIVS. AVG. Tête de l'empereur. R⁄. FELICITAS. REIPVBLICAE. Couronne de laurier dans laquelle on lit : VOT. XV. MVLT, XX. A l'exergue, CONS. AV. 5.

226. Julianus II. F. L. C. L. IVLIANVS. P. F. AVG. Tête de Julien II à droite. R⁄. VIRTVS. EXERCITVS. ROMANORVM. L'empereur en habit militaire marchant à droite, la main droite posée sur la tête d'un captif et tenant dans la gauche un trophée. A l'exergue, ANTE. AV. 5. Cette médaille est d'une très-belle conservation.

227. Theodosius II. D. N. THEODOSIVS. P. F. AVG. Buste de l'empereur en habit militaire, de face. R⁄. SALVS. REIPVBLICAE. CONOB. Les deux empereurs assis ayant la tête nimbée. AV. 5.

228. Heraclius cum filio Heraclio Constantino. D. D. N. N. HERACLIVS. ET. HERA. CONST. P. P. A. Têtes de face d'Héraclius et d'Héraclius Constantin, son fils. R⁄. VICTORIA. AVG. CONOB. Croix sur des degrés. AV. 5.

229. — Autre, avec la différence que la barbe d'Héraclius est très-longue. AV. 5.

230. Héraclius II. D. N. HERACLIVS. P. P. A. Tête d'Héraclius à droite. R⁄. VICTORIA. AVG. Croix sur un globe. AV. 4.

231. Constant II cum Heraclio et Tiberio Constant II debout entre ses deux fils Héraclius et Tibère. R⁄. VICTORIA. AVG. CONOB. Croix sur des degrés. AV. 5.

232. Constantinus IV Pogonatus D. N. CONSTANTINVS. P. P. AV. Buste de Constantin Pogonat vu de face. R⁄. DEVS. ADIVTA. ROMANI. Croix sur des degrés et sur un globe. AR. Petit médaillon.

233. Michel Ducas. Buste de l'empereur de face. R⁄. Buste du Christ. Potin. Médaillon concave.

234. Mauricius Tiberius Andronicus, Jean Zimiscès. Æ. Trois pièces.

235. Byzantines. Vingt diverses en cuivre.

236. — Vingt autres.

237. — Vingt autres.

238. — Vingt autres.

239. — Vingt autres.

240. — Vingt autres.

241. — Vingt-deux autres.

Médailles des croisades.

242. RAIMOND III. RAMVNDVS. COMES. Croix. ℞. CIVITAS. TRI-
POLIS. Une étoile à huit rayons entre lesquels sont placés
des annelets. AR. 3. Deux pièces.

243. BOEMOND VI. BOEMVNDVS. COMES. Croix dans un contour
formé d'angles et de cercles à l'extérieur. Huit besants.
℞. CIVITAS. TRIPOLI. Une étoile à six rayons renfermée
dans un contour formé de huit arcs de cercle. AR. 7.

244. — Autre. AR. 5.

245, BOEMUNDUS VII. BOEMVNDVS. COMES. SEPTIMVS. Croix dans
un contour formé de douze arcs de cercle. ℞. CIVITAS.
TRIPOLIS. SYRIE. Dans le champ, un édifice à trois tours
crénelées, entouré d'un contour formé de douze arcs de
cercles. AR. 7.

246. HENRI II. HENRI. REI. DE. Henri assis, tenant d'une
main le sceptre et de l'autre un globe. ℞. IERVSALEM. ED.
CHIPR. La croix potencée de Jérusalem contournée de
quatre croisillons. AR. 7.

247. — Autre. AR. 7.

248. — Autre. AR. 7.

249. — Autre. AR. 7.

250. — Autre. AR. 7.

251. — Autre. AR. 7.

252. HUGUES IV. Mêmes légendes et mêmes types avec le
nom de Hugues au lieu de Henri.

253. — Autre. AR. 7.

254. — Autre. AR. 7.

255. — Autre. AR. 7.

256. — Autre. AR. 7.

257. — Autre. AR. 7.

258. — Autre. AR. 7.

259. — Autre. AR. 7.

260. PIERRE Ier ou PIERRE II. PIERRE. PAR. LA. GRACE. DE. DIEV. ROI. Pierre assis, tenant d'une main le sceptre et de l'autre un globe. ℞. DE. IERVSALEM. ED. CHIPR. La croix potencée de Jérusalem cantonnée de quatre croisillons. AR. 7.

261. — Autre. AR. 7.

262. — Autre. AR. 7.

263. — Autre. AR. 7.

264. — Autre. AR. 7.

265. MÉDAILLES des croisades diverses. Douze pièces en argent et deux en cuivre, 3ᵉ grandeur.

Médailles cufiques et arabes.

266. Deux dinars des califes fathimites en or.

267. Deux autres en or.

268. Deux pièces sans désignation en or.

269. Deux autres en or.

270. Dix-huit pièces cufiques et arabes diverses en argent

271. Vingt et une pièces cufiques et arabes diverses en cuivre.

272. Quatre cufiques et arabes diverses en cuivre avec des figures.

Médailles arméniennes.

273. Huit pièces diverses en cuivre.

Pièces modernes diverses.

274. WOLF THÉODORE, archevêque et souverain de Salzbourg. Un écu d'une belle conservation ayant d'un côté SANCTVS. RVDBERTVS. EPS. SALZBVR L'archevêque assis; de l'autre côté, WOLF. TEOD. D. G. AREPS. SAL. AP. SE. L. Écusson de l'archevêque.

275. MAXIMILIEN II, empereur d'Allemagne. Un écu de Maximilien II, empereur d'Allemagne, ayant d'un côté l'écusson de l'empereur avec cette légende : MAXIMILI. II. ROMA. IM. SEM., 1570, et de l'autre, autour de l'écusson : GERARD. A. GROIS. B. EP. LEO. D. BVL. CO. LO... (Gérard de Groisbec, évêque de Liége.)

276. RODOPHE II, roi de Hongrie. Un écu de Rodolphe II ayant d'un côté le buste de l'empereur, avec cette légende : RVDOLPHVS. II. D. G. RO. IM. S. AV. GE. H. BO. REX. De l'autre côté, autour de l'écusson : ARCHIDVX. AVSTRIAE. DVX. BNR. MAR. MOR. 1570.

277. Un écu de Hollande de 1576.

278. Deux anciens talaris d'Espagne.

279. Un Philippe de Valois frappé à Tours.

280. Un quart d'écu de Charles de Lorraine, de 1627.

281. Un huitième d'écu du doge Andréas Griti.

282. Autre.

283. Autre.

284. Une pièce de cinq francs de Louis XVIII, de 1814.

285. Une pièce de cinq francs de 1806 de Félix et Élisa, prince et princesse de Lucques et de Piombino.

286. Deux monnaies d'argent sans désignation.

287. Une médaille en cuivre du pape Innocent XI.

288. Une médaille en cuivre du martyr Saint Laurent.

289. Une monnaie en cuivre de Venise.

Objets divers.

290. Un petit buste antique haut de vingt-deux centimètres, en marbre de Paros, d'un très-beau travail, représentant Alcibiade ; ouvrage attribué au célèbre philosophe et sculpteur Socrate. Il porte à sa base l'inscription abrégée : ΣΩΚΡ. ΕΠ. (ce qui signifie : Socrate faisait). Ce buste est décrit et gravé dans le livre de M. Bacon-Tacon sur les origines celtiques, publié en 1806.

291. Une tessère (tablette en cuivre, antique) sur laquelle est gravée l'inscription suivante : ΑΠΟΛΛΟΦΑΝΗΣ. ΕϹΤΙ-ΔΙΟΥ. ΤΟΥ. ΒΑϹΙΛΕΙΔΟΥ. ΑΘΗΝΑϹ. ΑΚΡ. (ce qui signifie : Apollophanès d'E thié, fils de Vacilide, à Athènes, 221.

292. Un Amour monté sur un cerf et tirant de l'arc ; ouvrage en cuivre fort joli. On croit qu'il a été fait en Italie.

293. Un petit lévrier antique en cuivre.

294. Fragment antique en bronze d'une anse de vase représentant une figure couchée.

295. Fragment antique représentant un buste d'homme.

296. Figurine en cuivre représentant, croit-on, un supplicié.

297. Une boucle d'oreille antique en or représentant un Amour.

298. Une autre plus petite et deux fragments de boucles d'oreilles.

299. Une pâte en terre cuite représentant d'un côté une femme couchée et de l'autre une rosace ; une autre représentant de chaque côté deux figures assises, un osselet en verre, une petite amulette en cuivre représentant une figure, une autre ronde en pierre grise représentant de chaque côté des signes cabalistiques, une petite boîte en cristal.

300. Une bague en or et jaspe rose représentant une tête radiée.

301. Une bague en or et cornaline représentant une tête d'homme barbue.

302. Dix médailles grecques fausses diverses en argent.

303. Sept autres.

SECONDE COLLECTION

MÉDAILLES GRECQUES

Rois de Thrace.

304. Lysimachus. Tête du roi. ℞. ΒΑΣΙΛΕΩΣ. ΛΥΣΙΜΑΧΟΥ. Pallas Nicéphore assise. AR. 8.

305. — Tête d'Hercule. ℞. ΒΑΣΙΛΕΩΣ. ΛΥΣΙΜΑΧΟΥ. Jupiter Ætophore assis. AR. 4.

Macédoine.

306. Lete. Homme agenouillé tenant entre ses bras une femme. ℞. Carré creux divisé en quatre parties. AR. 6.

Rois de Macédoine.

307. Alexander III. Tête de Pallas à droite. ℞. ΒΑΣΙΛΕΩΣ. ΑΛΕΞΑΝΔΡΟΥ. Victoire tournée à gauche tenant de la main droite une couronne et de la gauche un trident. Dans le champ, AP. AV. 4.

308. Tête d'Hercule. ℞. ΑΛΕΧΑΝΔΡΟΥ. Jupiter assis ; dans le champ, tête de bélier. AR. 7.

309. — Autre. Dans le champ, une torche, la lettre Λ et, sous le siége, un diota.

310. — Autre. Dans le champ, un astre sur une base et les lettres ΧΙΙ. AR. 7.

311. — Autre. AR. 7.

312. — Autre, avec le titre de ΒΑΣΙΛΕΩΣ. Dans le champ, la tête du soleil. AR. 8.

313. — Autre soleil; sous le siège, AY. AR. 7.

314. — Autre. AR. 6.

315. — Autre, avec des symboles et des monogrammes différents. AR. 4. Trois pièces.

316. Philippus III. Tête d'Hercule. ℞. ΒΑΣΙΛΕΩΣ. ΦΙΛΙΠΠΟΥ. Jupiter Ætophore assis. AR. 7.

Attique.

317. Athènes. Tête de Pallas. ℞. ΑΘΕ. Chouette. AR. 6.

318. — Autre. AR. 6.

Mysie.

319. Cyzicus. Caracalla. AVT. K. M. AVP. ANTΩNEINOC. CEB. Tête de Caracalla. ℞. ΚΥΖΙΚΙΙΝΩΝ. Caducée. Æ. 5.

Roi de Pergame.

320. Attalus Iᵉʳ. Tête du roi. ℞. ΦΙΛΕΤΑΙΡΟC. Pallas assise ayant un bouclier; derrière elle, dans le champ, un arc et la lettre A. AR. 8.

Lesbos.

321. Lesbos. Deux têtes de veau face à face, une branche d'arbre entre elles. ℞. Symbole dans un carré creux. AR. 5.

Ionie.

322. Éphese. ΕΦ. Abeille. ℞. Cerf devant un palmier. AR. 4. Deux pièces fausses.

Pisidie.

323. Selge. Deux lutteurs. ℞. ΙΤΓΕΛΙΙΙΥ. Frondeur debout. Dans le champ, triquetra. AR. 6.

Cilicie.

324. Tarsus. Valerianus senior. AVT. K. Π. Λ. ΟΥΛΛΕΡΙΑΝΟΝ. CE. Tête de Valérien. ℞. TAPCOY. ΜΗΤΡΟΠΟΛΕΩC. Bacchus debout, entre deux panthères. Æ. 8.

Cappadoce.

325. CAESAREA HADRIANUS. ΛΥΤΟ. ΚΑΙC. ΤΡΑΙ. ΑΔΡΙΑΝΟC. CEBACT. Tête laurée d'Hadrien à droite. ℞. Victoire marchant ; dans le champ, ET.Δ. AR. 3.

326. — CARACALLA. AV. K. M. ΛΥΡΗ. ΑΝΤΩΝΙΝΟC. Tête laurée de Caracalla. ℞. ΜΗΤΡΟ. ΚΑΙCΑΡΙ. ΝΕΩΚ. ΕΤ. ΙΖ. Apollon assis sur le mont Argée. AR. 4.

Syrie.

327. DEMETRIUS II. Tête diadémée du roi. ΒΑΣΙΛΕΩΣ. ΔΗΜΗΤΡΙΟΥ. Femme assise sur un siége soutenu par une sirène, tenant un trait dans la main droite et dans la gauche une corne d'abondance. Dans le champ, un monogramme. AR. 8.

328. ANTIOCHE. Tête de Jupiter. ℞. ΑΝΤΙΟΧΕΩΝ. ΤΗΣ. ΜΗΤΡΟΠΟΛΕΩΣ. Jupiter Nicéphore assis. Æ. 5.

329. — Nero. ΝΕΡΟΝ. ΚΛΙΣΑΡΟΣ. ΣΕΒΑΣΤΟΥ. Tête de Néron. ℞. ΕΤΟΥΣ. ΛΙΡ. Θ. Aigle sur un foudre ; devant, une palme. AR. 7.

330. — Vespasianus. ΑΥΤΟΚΡΑ. ΟΥΕΣΠΛΣΙΑΝΟC. ΚΑΙ-ΣΑΡΟC. Tête de Vespasien. ΕΤΟΥC. ΝΕΟΥ. ΕΤΟΥC. Aigle.

331. TRAJANUS. ΑΥΤΟΚ. ΚΛΙC. ΝΕΡ. ΤΡΑΙΑΝΟC. CEB. ΓΕΡΜ. ΔΑΚ. Tête de Trajan ; dessous, un aigle et une massue. ℞. ΔΗΜΑΡΧ. ΕΞ. ΙΖ. ΥΠΑΤ. Femme voilée et tourrelée assise sur un rocher, à droite, tenant des épis dans la main droite ; à ses pieds, un Fleuve nageant. AR. 6.

332. CARACALLA. ΑVΤ. K. M. Λ. ΑΝΤΩΝΙΝΟC. CEB. Tête laurée et barbue de Caracalla. ℞. ΔΗΜΑΡΧ. ΕΞ. ΥΠΑΤΟC. Τ. Δ. Aigle éployé regardant à droite et tenant dans son bec une couronne ; entre ses cuisses, deux étoiles. Potin. 7.

333. — Autre. Entre les cuisses de l'aigle qui regarde à gauche, un symbole. Potin. 7.

334. — Autre. Potin. 7.

335. Elagabalus. AVT. K. M. A. ANTΩNEINOC. CEB. Tête d'Élagabale: ℞. ΔHMAPX. EΞ. YΠATOC. TO. B. Aigle éployé tenant dans son bec une couronne et regardant à gauche. Dans le champ, ΔE. Entre ses cuisses, une étoile. Potin. 6.

336. — Autre. Potin. 6.

337. — Autre. Potin. 6.

338. Macrinus. AVT. K. M. OΠ. CEOY. MAKPEINOC. Tête de Macrin. ℞. ΔHMAPX. EΞ. YΠATOC. Aigle regardant à gauche et tenant une couronne dans son bec. Entre ses cuisses, un polype. Potin. 7.

339. Gordianus Pius. AVTOK. K. M. ANT. ΓOPΔIANOC. CEB. Tête laurée de Gordien. ℞. ΔHMAPX. EΞOYCIAC. S. C. Aigle éployé regardant à gauche. Potin. 7.

340. Trajanus Décius. AVT. K. Γ. M. E. KY. ΔEKIOC. TPAIANOC. CEB. Tête de Trajan Dèce. ℞. ΔHMAPX. EΞOYCIAC. S. C. Aigle éployé. Potin. 7.

Phénicie.

341. Berytus. Elagabalus. IMP. CAES. M. AVR. ANTONINVS. AVG. Tête laurée d'Élagabale à droite. ℞. COL. IVL. AVG. FEL. BEP. Astarté debout, couronnée par la Victoire, et entre deux Génies, dans un temple tétrastyle dont le fronton est ornée de figures. Æ. 9.

342. — Elagabalus. IMP. CAES. M. AVR. ANTONINVS. AVG. ℞. COL. IVL. AVG. Faune debout sur une base portant une outre sur son épaule dans un temple tétrastyle, sur le fronton duquel est un satyre assis sur une panthère. Æ. 6.

343. Byblus. Elagabalus. imp. caes. mar. antoninvs. avg. Tête d'Élagabale. ℞. BVBΛOY. IEPAC. Temple à six colonnes, dans lequel est Astarté debout tenant de la main droite un poisson, le pied gauche sur une proue de vaisseau, près d'une colonne sur laquelle est une Victoire qui couronne la déesse. Æ. 9.

344. Sidon. Severus Alexander. sev. alex. Tête de Sévère-Alexandre. ℞. col. avr. pia. sid. Simulacre d'Astarté dans un char couvert. Æ. 6.

345. — Severus Alexander. imp. m. avr. sev. alexand. Tête d'Alexandre Sévère. ℞. col. av. pia. met. s. Figure à moitié nue posée sur un vaisseau dans l'action de fuir. Elle tient de la main gauche un bàton transversal. Æ. 5.

346. Tyrus. Elagabalus. imp. caes. m. av. antoninvs. avg. Tête d'Élagabale. ℞. tyriorvm. Temple hexastyle au milieu duquel est Astarté debout, la main droite sur un trophée et tenant dans la gauche la haste transversale; à sa gauche, une Victoire sur une colonne lui présente une couronne. Devant le temple, un autel entre un palmier et le murex. Æ. 8.

347. — Tête d'Hercule. ℞. TΥPOΥ. IEPΛΣ. KAI. AΣIΛOΥ. Aigle avec une palme sur l'aile droite. Dans le champ, une massue, les lettres O Θ et un symbole. AR. 8.

348. — Autre. Dans le champ, O Γ. AR. 8.

349. Aradus. Aradus. Abeille. ℞. APAΔIΩN. Cerf devant un palmier. AR. 4.

Rois de Perse.

350. Figure armée d'un arc sur un hippocambe ailé; au-dessous, des flots et un poisson. ℞. Chouette. AR. 4.

351. Autre. AR. 4.

352. Galère avec des rameurs; au-dessous, cheval marin. ℞. Fruste.

Rois parthes.

353. ARSACÈS VI, MITHRIDATES Ier. Tête du roi coiffée de la tiare ornée de perles. ℞. ΒΑΣΙΛΕΩΣ. ΒΑΣΙΛΕΩΝ. ΜΕΓΑΛΟΥ. ΑΡΣΑΚΟΥ., etc , etc. Le roi assis tenant un arc. AR. 4.

354. — Autre, avec une coiffure différente. AR. 5.

355. ARSACÈS XV, PHRAATES IV. Tête du roi à gauche ayant un bouton sur le front ; derrière la tête, un aigle tenant une couronne dans son bec. ℞. ΒΑΣΙΛΕΩΣ., etc., etc. Le roi assis tenant un arc. AR. 4. Quatre pièces.

356. — Autre. Devant la tête du roi, un croissant, au milieu duquel est une étoile ; derrière la tête, une figure tenant une couronne. AR. 4.

357. — Autre. Tête du roi à gauche. ℞. ΒΑΣΙΛΕΩΣ., etc., etc. Le roi assis tenant un arc. Potin. 8.

358. ARSACÈS XXIV, ARTABANUS IV. Tête du roi à gauche. ℞. ΒΑΣΙΛΕΩΣ., etc., etc. Le roi assis tenant un arc. AR. 4. Deux pièces.

359. ARSACÈS XXVII. VOLOGÈSES II. Tête du roi coiffée de la tiare ornée de perles. ℞. ΒΑΣΙΛΕΩΣ., etc., etc. Le roi assis tenant un arc. AR. 4.

360. ARSACÈS XXVIII. VOLOGÈSES III. Tête du roi à gauche, derrière la lettre B. ℞. ΒΑΣΙΛΕΩΣ., etc., etc. Le roi assis, tourné à gauche ; une femme, debout devant lui, lui présente une couronne. Potin. 8.

Roi Sassanide.

361. INCERTAINE. Caractères sassanides. Tête du roi à droite. ℞. Caractères sassanides. Autel du feu entre deux mages debout. AR. 5.

Roi de la Characène.

362. ATTAMBILUS Ier. Tête barbue et diadémée du roi. ℞. ATTAMB. Hercule nu assis sur un rocher tourné à gauche, la main droite sur sa massue, la gauche posée sur le rocher. Potin. 7.

Rois d'Egypte.

363. Ptolémée Ier. Tête du roi. ℞. ΠΤΟΛΕΜΑΙΟΥ. ΒΑΣΙ-ΛΕΩΣ. Aigle sur un foudre. AR. 7.

364. — Autre. AR. 7.

365. — Autre. Æ 6.

Cyrénaïque.

366. Cyrène. Tête de Jupiter Ammon. ℞. ΚΥΡΑ. Palmier. Æ. 4.

Médailles romaines.

367. Vespasianus. ℞. victoria. avgvsti. Victoire érigeant un trophée; hadrianvs. ℞. africa. L'Afrique couchée; hadrianvs. ℞. felicitas. avg. L'empereur debout et une femme; Septime-Sévère. ℞. ivstitia. Femme assise tenant une patère et la haste; Septime-Sévère. ℞. leg. v. mac. tr. p. cos. Aigle romaine entre deux enseignes militaires; Valérianus. ℞. restitvt. orientis. Femme couronnant l'empereur; une autre semblable; autre avec le revers felicitas. saecvli. Diane Lucifer marchant. Huit pièces en argent du module ordinaire.

368. Dix médailles en argent d'empereurs divers, du module ordinaire.

369. Quinze autres.

370. Auguste et Tibère. Petit médaillon en argent et trois médailles également en argent.

371. Heraclius cum filio Heraclio Constantino. d. d. n. n. heraclivs. et. hera. const. p. p. a. Têtes de face d'Héraclius et d'Héraclius Constantin, son fils. ℞. victoria. avgv. b. conob. Croix sur des degrés. AV. 5.

372. Constant II cum Heraclio et Tiberio. Constant II debout entre ses deux fils Héraclius et Tibère. ℞. victoria. avgvs. conob. Croix sur des degrés. AV. 5.

Médailles des croisades.

373. BOEMONDUS. VII. BOEMVNDVS. COMES. SEPTIMVS. Croix dans un contour formé de douze arcs de cercle. R. CIVITAS. TRIPOLIS. SVRIE. Dans le champ, un édifice à trois tours crénelées, entouré d'un contour formé de douze arcs de cercle. AR. 7.

374. HUGUES IV. HVGVE. REI. DE. Hugues assis tenant d'une main le sceptre et de l'autre un globe. R. IEPVSALEM. ED. CHIPR. La croix potencée de Jérusalem contournée de quatre croisillons. AR. 7.

375. — Autre. AR. 7.

376. — Aurre. AR. 7.

377. PIERRE Ier ou PIERRE II. PIERE. PAR. LA. GRACE. DE DIEV. Pierre assis tenant d'une main le sceptre et de l'autre un globe. R. DE. IERVSALEM. ED. CHIP. La croix potencée de Jérusalem cantonnée de quatre croisillons. AR. 7.

378. — Autre. AR.

379. — Onze médailles des croisades non classées, dont cinq en argent et six en cuivre.

380. PHILIPPE DE VALOIS.

Médailles en cuivre non classées.

381. Dix médailles hébraïques diverses.

382. Vingt médailles grecques diverses.

383. Vingt-six autres diverses.

384 — Sous ce numéro il sera vendu quantité de médailles en lots, cartons, etc.

RENOU et MAULDE, imprimeurs de la Compagnie des Commiss^{es}-Priseurs, rue de Rivoli, 144.   1998